Partie 1 : DES HISTOIRES

L'histoire longue :
Au repos !
page 6

L'histoire longue :
**L'interview
de la reine Christine**
page 16

L'histoire courte / BD :
**Panpi et Gorri,
le miel de chapeau**
page 18

L'histoire vraie :
**Une ruche qui fait
bourdonner les artistes**
page 20

Partie 2 : DES JEUX & UN PAPER-TOY À DÉCOUPER

Jeu n°1 :
**La petite
bête qui
monte !**
page 24

Jeu n°2 :
***Happy* culture**
page 26

Jeu n°3 :
**Qui est au
bout du fil ?**
page 28

Paper-toy :
**Une ruche
à découper**
page 29

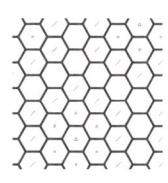

Jeu n°4 :
**Se tenir
à carreau**
page 33

Jeu n°5 :
Tout mielleux
page 34

Jeu n°6 :
Bzz bzz quiz
page 36

Partie 3 : DES RUBRIQUES-À-BRAC

Rubrique Métiers :
Apiculteur
page 40

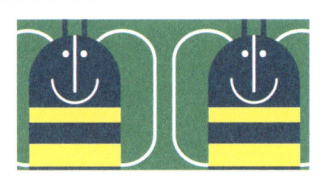

Rubrique Langue :
Les anim'onomatopées
page 42

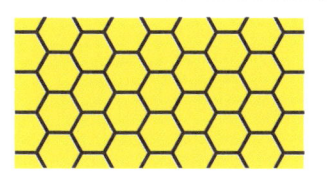

Rubrique Bricolage :
Course d'abeilles
page 44

Rubrique Cuisine :
Les oublies
page 46

ACTUALITÉS :

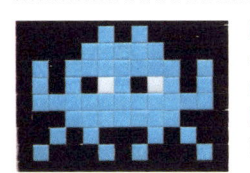

**Livres, application,
expositions...
qui stimulent
la curiosité !**
page 48

**Dans
les petits papiers
de Steffie Brocoli**
page 52

Et enfin :

Solutions des jeux
page 54

Lexique
page 56

Coupon d'abonnement
page 58

Georges vous souhaite, Mesdames et Messieurs, une agréable lecture !

Partie 1
DES HISTOIRES

L'HISTOIRE "LoNGue"

- **Au repos !**
  page 6

- **L'interview***
  de la reine Christine
  page 16

L'HISTOIRE "CouRTe"

- **Panpi et Gorri,**
  le miel de chapeau
  page 18

L'HISTOIRE "VRaie"

- **Une ruche qui fait**
  bourdonner les artistes
  page 20

Tous les mots un peu compliqués et marqués de ce signe * sont expliqués dans le lexique page 56.

AU REPOS !

DE BENOITAUDÉ.

Il pleut depuis des jours et la tempête s'intensifie.
Les abeilles ne peuvent pas butiner car les fleurs sont mouillées
et le pollen colle aux pattes.

LAVANDE POLLEN
BRUYÈRE POLLEN
OH! NON, NON!
ICI LA REINE 74330 ! JE DÉCRÈTE L'ALERTE ROUGE: AUCUNE ABEILLE NE DOIT SORTIR, JE RÉPÈTE: AUCUNE...
STATION MÉTÉO
PAS D'AMÉLIORATION AVANT UN BON MOMENT.
ÉTAGE 4
NON!
...ABEILLE NE DOIT SORTIR...
5 MIELS PAR JOUR
QUOI?
MON DIEU!
CANTINE
TERMINAL B
JUSQU'À NOUVEL ORDRE!
POLLEN

Sans but et sans travail, les abeilles sont totalement désœuvrées et la ruche est à deux pattes de sombrer dans la folie.

MA REINE, J'AI PEUT-ÊTRE UNE IDÉE.
AH OUI ?! DITES-MOI VITE CHÈRE VENTILEUSE N°47720073.
POURQUOI NE PAS DEMANDER AUX MÂLES DE NOUS FORMER À NE RIEN FAIRE ? CE SONT LES EXPERTS DE LA GLANDE, DES CHAMPIONS.
LA CRÈME DE LA CRÈME !
N°089 : DORT 22H PAR JOUR.
N°012 : LIT UN LIVRE À L'ENVERS DEPUIS 10 ANS.
CLUB DES FAUX BOURDONS
CHUT
DORTOIRS
PISCINE & SAUNA À MIEL
EXTRA MIEL !
N°051 : RÉFLÉCHIT 12 JOURS AVANT DE POSER UNE CARTE.
N°077 : REGARDE TOUJOURS L'EAU DE SON THÉ S'ÉVAPORER AVANT DE LE BOIRE.

LES FAUX BOURDONS* COMMENCENT LEUR MISSION ET LA PRENNENT TRÈS À CŒUR.
ILS SONT INTRANSIGEANTS ET FONT RÉGNER UNE DISCIPLINE DE FER.

> ON DORT! LA PREMIÈRE QUI OUVRE L'ŒIL...
>
> C'EST 5 HEURES DE SOMMEIL SUPPLÉMENTAIRES.

DORMIR 24H NON-STOP.

MARCHER LE PLUS LENTEMENT POSSIBLE.

> RALENTISSEZ LA CADENCE MESDAMES !
>
> ET PLUS VITE QUE ÇA !

MALAXER SANS TRANSPIRER UNE CROTTE DE CIRE JUSQU'À SA FOSSILISATION.*

> ALLEZ, ALLEZ ! MALAXEZ, MALAXEZ, MALAXEZ !
>
> PAS DE STRESS, ON A LA JOURNÉE.

Parfois les nerfs lâchent.

Malgré les difficultés, les courageuses abeilles se surpassent et réussissent à obtenir leur diplôme avec panache.

La ruche retrouve sa sérénité...

Et le beau temps est de retour.

La reine 74330 vous informe, très chères abeilles, que le butinage peut reprendre youpibzzzz!

RUCHE N° 74330

Mais les abeilles ont pris de nouvelles habitudes...

Allez, au travail ! Il est 15h voyons. Tout de même...

... QUI NE PLAISENT PAS TROP À LA REINE !

« VOUS ÊTES RESPONSABLES SI... »

« MAIS, MAIS... JE SUIS NAVRÉ SI VOS FILLES SONT SURDOUÉES. »

« SOUVENT LES ÉLÈVES DÉPASSENT LEURS MAÎTRES. »

« OUI, C'EST VRAI. »

L'abeille n°42553 bzzzbzzite alors à l'antenne de la reine une petite idée mielleuse.

« BZZZZ, BZZZ HÉ ! HÉ ! BZZZZ... AH ! AH ! BZZZZ ZI... »

« HUM... BZZZ BZZ... OUI PARFAIT. »

ET C'EST AU TOUR DES FAUX BOURDONS D'ATTAQUER UNE NOUVELLE FORMATION...

À DURÉE TRÈS INDÉTERMINÉE...

FIN.

L'HISTOIRE "LoNGue"

« Je viens d'une famille de 150 frères et sœurs et, étant la petite dernière, je me sentais un peu à l'étroit chez moi. »

Texte et illustration : Benoit Audé

L'interview* de la reine Christine

**Georges a rencontré la reine Christine. Comme on le voit dans l'histoire *Au repos !*, cette souveraine fait très attention à la vie de sa ruche.
Entretien avec sa Majesté.**

Christine — Avant de commencer, dois-je vous appeler « Reine » ou « Majesté » ?

Christine — Non, non, nous sommes entre nous... Appelez-moi simplement Christine.

Christine — Alors Christine, est-ce que petite, vous rêviez de devenir reine ?

Christine — Non, pas vraiment. Je voulais être butineuse pour voler de mes propres ailes dans les champs de fleurs et me rouler dans le pollen. Je viens d'une famille de 150 frères et sœurs et, étant la petite dernière, je me sentais un peu à l'étroit chez moi. Malheureusement, mon allergie au pollen de lavande m'a empêchée d'entrer à l'Académie royale de butinage*. Par hasard, je me suis inscrite en « Polytechniruche », et de fil en aiguille, j'ai fait carrière en politique, jusqu'à mon élection sur le trône de la ruche 74 330, il y a maintenant 5 ans.

Christine — J'imagine que ce n'est pas tous les jours qu'une équipe vient filmer l'intérieur de la ruche. Comment cela s'est-il passé ?

Christine — Il a fallu beaucoup, beaucoup d'organisation. Le réalisateur ne pouvant pas toutes nous faire rentrer sur chaque séquence*, il y a eu un casting* très sévère. Mais comme beaucoup d'entre nous sont frères et sœurs et que nous nous ressemblons, nous avons pu interchanger pendant les prises. Ainsi, presque tout le monde a été filmé et cela a évité les crises de jalousie. Le plus difficile était de rester en place pendant une scène, même quelques secondes, car comme on le comprend dans l'histoire, les abeilles ont du mal à faire autre chose que leur travail (surtout les butineuses).

Christine — Cette histoire a un petit côté « féministe* ». Est-ce que c'est quelque chose d'important pour vous ?

Christine — Oui, comme les 74 329 reines qui m'ont précédée, je veille à atteindre l'égalité absolue entre les faux bourdons et les abeilles. Même si parfois, je l'avoue, nous exagérons avec les mâles (quand nous les réveillons la nuit pour avoir une tisane au miel ou pour nous remettre la couverture sur les pattes). Mais nous les aimons beaucoup, et sans leur aide, notre ruche aurait pu disparaître. Ce que je veux dire c'est que femelle ou mâle, nous avons besoin des qualités de chacun tous les jours !

Christine — Avez-vous de nouveaux projets pour la ruche ?

Christine — Oui, plusieurs ! Un centre de relaxation, des interventions sur le bien-être au travail et la gestion de l'effort. J'aimerais encore plus améliorer les conditions de travail de mes consœurs. Et pour les mâles : quelques cours de fitness, d'aquagym et de musculation... afin de raffermir leurs petits corps ! (Rires.) C'est bientôt la saison des amours !

Christine — Quel animal auriez-vous aimé être si vous n'étiez pas une abeille ?

Christine — Hum, voyons... Un loup ! Bof... Joli mais trop bagarreur... Hum... Un castor pour construire une petite maison avec piscine intégrée... Quoique, manger du bois tous les jours c'est un peu triste. Ah, je sais ! Un martin-pêcheur : petit, beau, rapide et les pieds dans l'eau tous les jours, c'est parfait !

17

L'HISTOIRE "CouRTe" — Texte & Illustration : Marie Novion

· PANPI & GORRI ·

✶ LE MIEL DE CHAPEAU ✶

— UNE ABEILLE ?!!

J'ai vu une abeille traîner…

Ça doit être elle…

Mais oui et en plus, elles font du miel délicieux.

Oh oh…

ALLEZ, JOUE !

Bzz

Ben alors, t'entends des voix ?

Non, j'entends des "BZZZ"…

Mais non, elles piquent que si tu les embêtes, elles sont gentilles sinon.

Ah…

Et tu crois ?

hum

ET TAC ! À toi !

ELLES PIQUENT !

T'as peur des abeilles ?

Ben oui…

BZZZZZ
AAAAAAAAHH!
Reste calme, elle va s'en aller.
C'EST EEELLLE!!!!
BZZZ
HIIIIII
Elle aime bien ton chapeau on dirait...
Mais c'est un chapeau pour chien, il n'est pas à sa taille !
BZZZ
Arrête, tu vas la vexer !
AAAAHHH!!!
BZZZ
BZZZ
BZZZ
BZZZ
Elle va peut-être faire une ruche dedans...
IL N'EN EST PAS QUESTION !
Toi qui n'as pas peur des abeilles, tu veux pas essayer de le récupérer...?
Ah non, je ne voudrais surtout pas la déranger...
BZZZZZ
Tu flippes, MÔSSIEUR le copain des abeilles !
Pas du tout.
Faut les laisser tranquilles, c'est purement scientifique !
BZZ
BZZZ
Il va peut-être servir à faire du super bon miel...
C'est bon le miel de chapeau, tu crois ?
BZZ
FIN
marie novion

L'HISTOIRE "VRaie" Texte : Vincent Jadot - Illustration : Séverin Millet

Une ruche qui fait bourdonner les artistes

Tout commence en 1895. De passage à Paris, Alfred Boucher, fils de paysan et sculpteur, se retrouve par hasard dans le quartier des abattoirs de Vaugirard. Il tombe sous le charme de ce petit coin de campagne en plein cœur de la capitale et achète « pour une bouchée de pain » un grand terrain vague à un cafetier.

À l'époque, Alfred est un artiste célèbre et il est plutôt riche. Il a notamment sculpté le buste de la reine de Roumanie qui lui a donné une grosse somme d'argent ainsi qu'un tilbury*.

L'endroit inspire à Alfred une belle et généreuse idée. Il va faire bâtir une résidence pour ses collègues artistes qui ont souvent beaucoup de talent mais pas assez d'argent pour avoir un atelier, se chauffer et manger à leur faim. Pour que le lieu soit beau et original, il a recours à la récupération. Nous sommes en 1900, c'est la fin de l'Exposition universelle* de Paris. Alfred rachète certaines constructions créées pour l'occasion, et notamment une rotonde réalisée par Gustave Eiffel*, des statues et un portail extraordinaire. Le résultat est surprenant : un palais un peu fou, presque sorti d'un conte.

Au moment de l'inauguration, ce refuge compte 140 ateliers organisés en alvéoles*. Ce sont des cubes vitrés très lumineux, larges de 4 m et hauts de 8 m, avec une mezzanine. Très vite, l'endroit bourdonne de toutes parts. Des artistes venus de toute l'Europe s'activent telles des abeilles. Alfred Boucher vient de trouver un nom sur mesure pour ce bel endroit : « la Ruche ». Ce palais excentrique accueille alors des inconnus qui vont devenir, pour certains, très célèbres : les peintres Fernand Léger, Marc Chagall, Marie Laurencin, les poètes et auteurs Guillaume Apollinaire, Max Jacob, Blaise Cendrars (qui écrira le poème *La Ruche* en 1913) viennent se poser ou prennent leur envol au sein de la Ruche.

Après la guerre de 14-18, l'argent commence à manquer. Alfred Boucher est presque ruiné et il meurt en 1934. Rien ne s'arrange après la Seconde guerre mondiale : l'endroit commence à ressembler à un bidonville*. Pour éviter que la Ruche ne soit rasée, le peintre Chagall et d'autres artistes célèbres se mobilisent, soutenus par le ministère de la Culture et par une riche famille, les Seydoux. La Ruche est sauvée, puis rénovée à la fin des années 60.

Aujourd'hui, la cité compte près de 170 artistes. Les ateliers ont un peu évolué, des douches ont été ajoutées, certains ont été agrandis. Mais la Ruche continue de faire bourdonner les artistes. Le rêve d'Alfred Boucher est de nouveau une belle réalité.

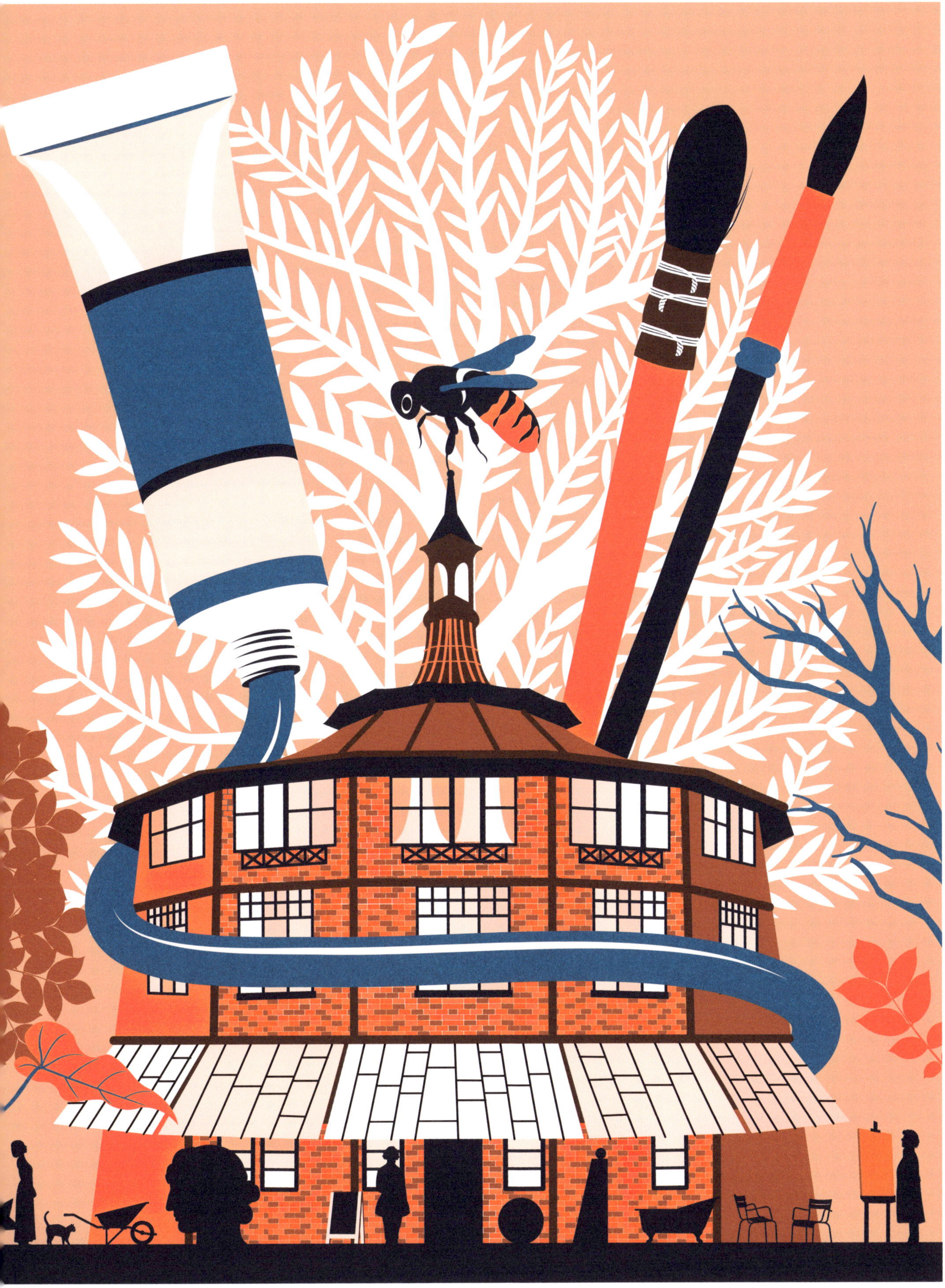

Partie 2
DES JEUX

JEU n°1. La PeTiTe BêTe Qui MoNTe !
page 24

JEU n°2. HaPPy* CuLTuRe
page 26

JEU n°3. Qui eST au BouT Du FiL ?
page 28

Au milieu du magazine, il y a 1 RuCHe à DéCouPeR !
pages 29 à 32

JEU n°4. Se TeNiR à CaRReau
page 33

JEU n°5. TouT MieLLeuX
page 34

JEU n°6. BZZ BZZ QuiZ
page 36

Solutions p.54.

Tous les mots un peu compliqués et marqués de ce signe * sont expliqués dans le lexique page 56.

JEU n° 1   **La PeTiTe BêTe Qui MoNTe !**   Illustration : Luca Boscardin

Les insectes sont les animaux les plus nombreux et les plus variés sur Terre. Trois animaux sur quatre sont des insectes !

A. Raye les intrus qui ne sont pas des insectes sur la page ci-contre. Voici un indice pour t'aider : les insectes ont 6 pattes.

B. Entoure le seul insecte ci-contre qui n'a aucun double sur l'image.

C. Décode le mot suivant et tu découvriras comment s'appelle une personne spécialiste des insectes.

E G I L M N O S T

D. Voici 4 phrases comprenant des expressions à propos des insectes, mais Georges a un peu tout mélangé... Remplace chaque mot en gras par le mot correct de la liste rouge :

- chercher
- costume
- fourmi
- mal
- marché
- mouche
- papillon
- puces
- travail
- trier

1. Il portait un **rhume**, avec un joli nœud **tatillon**.

2. Déplier tout ça ! Mais c'est un véritable **portail** de **tatami** !

3. Demain nous irons **fâcher** des vieux objets au **pâté** aux **plus**.

4. Cela ne peut pas être lui le coupable, il ne ferait pas de **pâle** à une **douche** !

E. Il y a tellement d'insectes que des milliers et des milliers d'espèces restent à découvrir ! (Rien qu'en France, il y aurait plus de 35 000 espèces d'insectes !). À toi d'en imaginer et dessiner certaines :

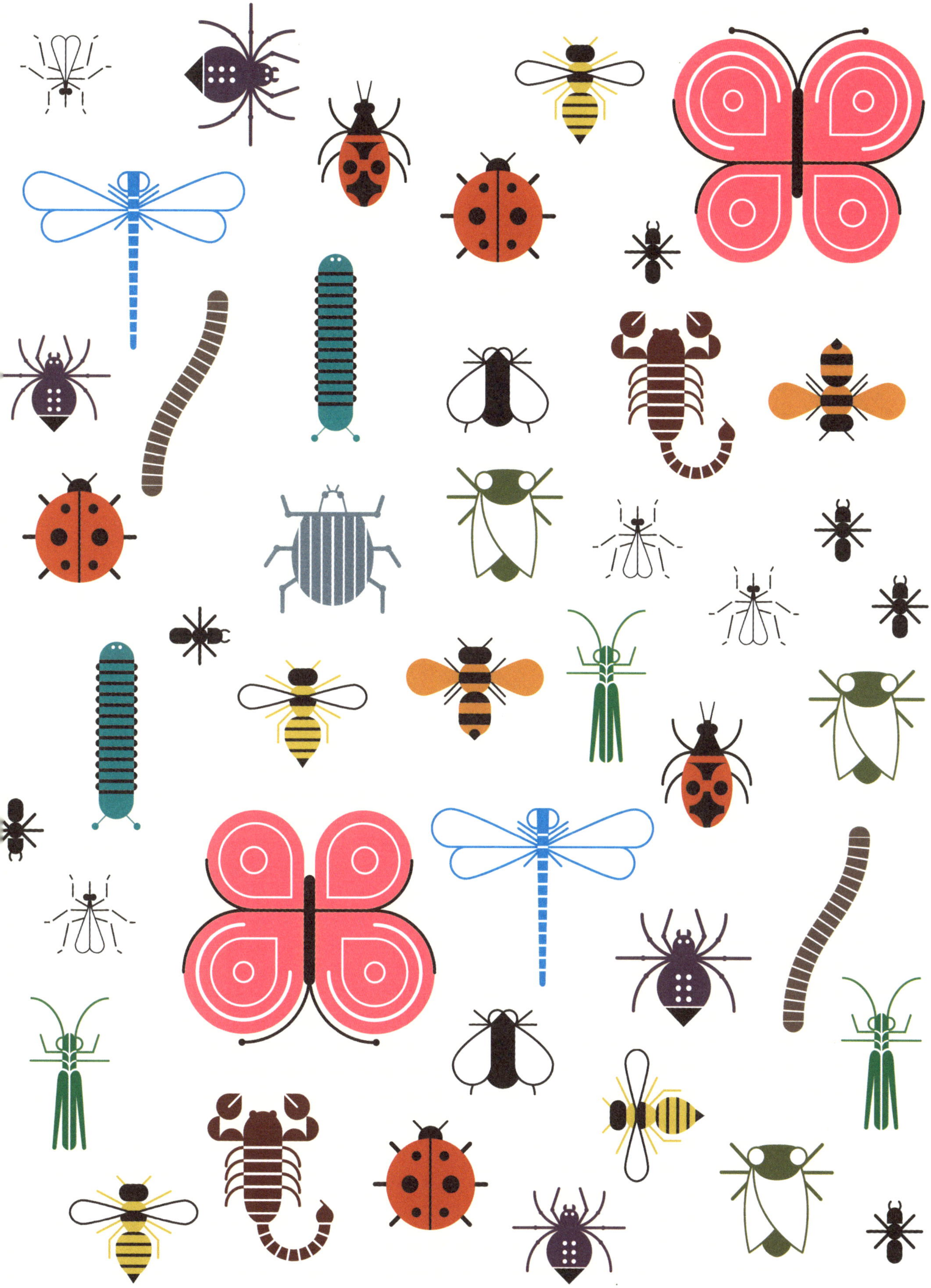

JEU n° **2** HaPPy* CuLTuRe

Illustration : Magali Attiogbé

Georges a trouvé dans un livre cette image sur le thème de l'apiculture.

A. Inscris à la fin de chaque légende ci-dessous le numéro du dessin qui lui correspond :
   a. **RUCHE** : *petite maison construite par l'homme pour abriter les abeilles.* → N°........
   b. **POT DE MIEL** : *produit sucré que fabriquent les abeilles à partir des fleurs.* → N°........
   c. **CADRE** : *plusieurs cadres sont insérés dans la ruche. Composés de rayons de cire, l'apiculteur peut facilement les sortir pour récolter le miel, sans détruire l'ensemble de la ruche.* → N°........
   d. **ENFUMOIR** : *appareil destiné à enfumer les abeilles, ce qui les empêche de piquer ou de fuir pendant que l'apiculteur récolte leur miel.* → N°........
   e. **BROSSE À ABEILLES** : *utilisée pour brosser et déplacer ainsi les abeilles qui se trouvent sur un cadre.* → N°........
   f. **APICULTEUR** : *personne qui élève des abeilles.* (Voir aussi rubrique Métiers p.40.) → N°........
   g. **ALVÉOLES** : *petits espaces en cire que fabriquent les abeilles pour y déposer leurs œufs et leur miel.* → N°........

B. À ton avis, jusqu'à combien d'abeilles peut-il y avoir dans une ruche ? : **50   500   5000   50 000**

C. Dans la ruche, il y a plusieurs catégories d'ouvrières. Relie chaque fonction à sa mission :

1 — NETTOYEUSE   a — défend la ruche
2 — NOURRICE   b — construit les rayons de la ruche
3 — ARCHITECTE   c — nettoie la ruche et la garde en bonne santé
4 — VENTILEUSE   d — régule la température de la ruche
5 — GARDIENNE   e — ramène le nectar, le pollen et l'eau à la ruche
6 — BUTINEUSE   f — nourrit les larves

D. Une seule ombre correspond à l'image ci-dessous. Laquelle ?

1.   2.   3.

JEU n° 3 — Qui eST au BouT Du FiL ?

Illustration : Stéphanie Lasne

Une fois de retour à la ruche, l'abeille indique aux autres où se trouve le champ de fleurs qu'elle a trouvé. Mais sais-tu comment ?

▶ Pour le savoir, inscris dans les cases :
- > **JAUNES :** la **1ʳᵉ** lettre du mot auquel elle est reliée
- > **ROUGES :** la **3ᵉ** lettre
- > **VERTES :** la **dernière** lettre

Si comme Georges, tu trouves cela étonnant et aimerais en savoir plus, tu trouveras des explications dans les solutions de ce jeu, page 54.

**Mesdames et Messieurs,
derrière cette page, vous trouverez
une ruche à découper !**

Et si jamais vous ne voulez pas
découper Georges, ou que vous aimeriez avoir plusieurs
ruches, sachez que vous trouverez
ces pages à imprimer dans les bonus du site :
www.magazinegeorges.com

Au milieu du magazine, il y a 1 RuCHe à DéCouPeR !

POUR MONTER LE BAS DE LA RUCHE :

A. Découpe cette partie puis plie-la selon les pointillés.

B. Plie maintenant toutes les languettes (**a** à **d**).

C. Colle ensuite le côté gauche de la ruche sur les languettes **a** et **c**, puis le côté droit sur les languettes **b** et **d**.

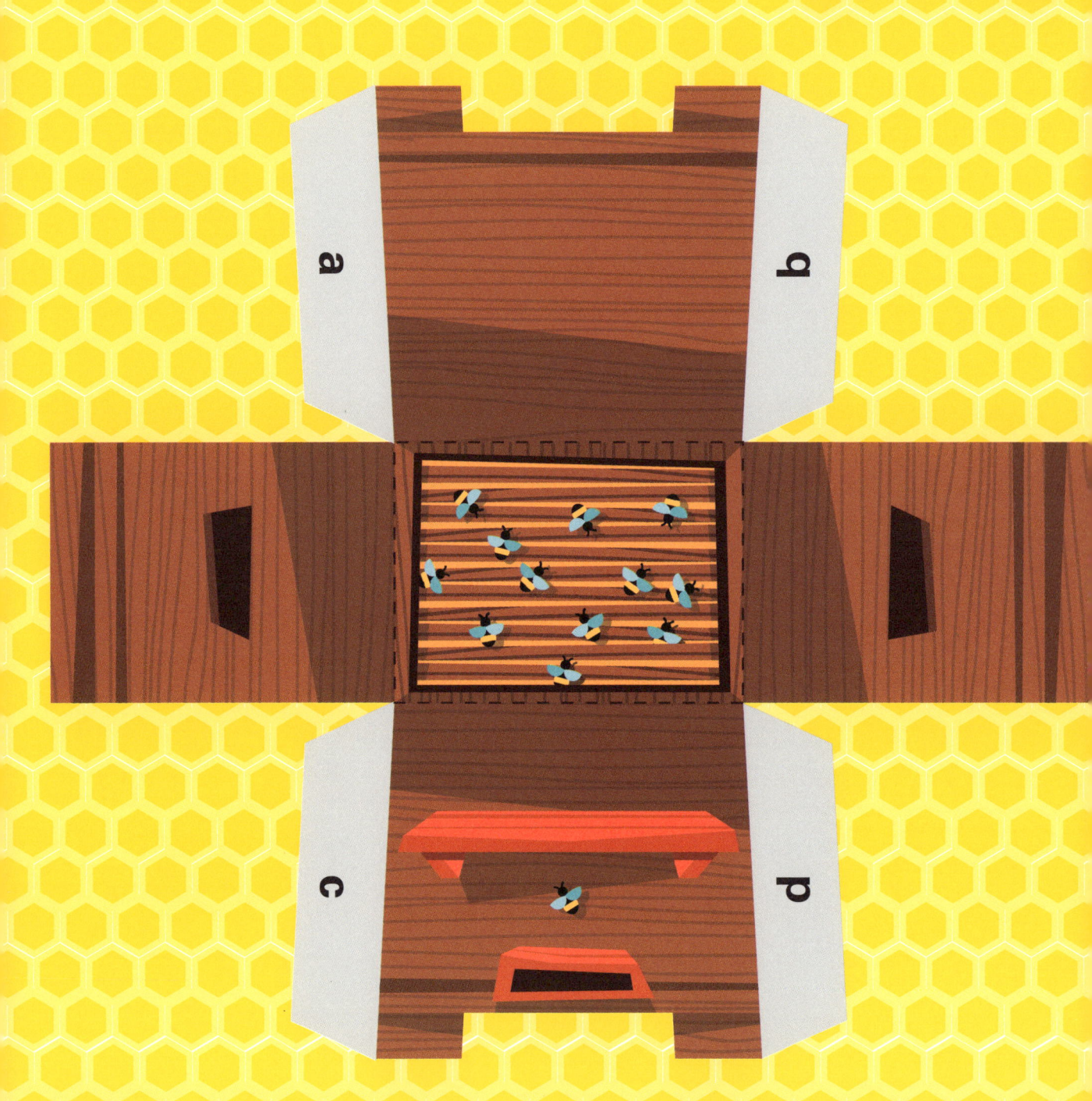

Matériel :
> une paire de ciseaux + de la colle

Design : Jean-David Minseroux

POUR MONTER LE TOIT DE LA RUCHE :

A. Découpe le toit de la ruche.

B. Pour fabriquer les 2 petits bords du toit, retourne-le et colle la partie **A** sur la partie **B** (indiqué au verso).

C. Plie ensuite le reste du toit selon les pointillés.

D. Plie maintenant toutes les languettes (**c** à **h**).

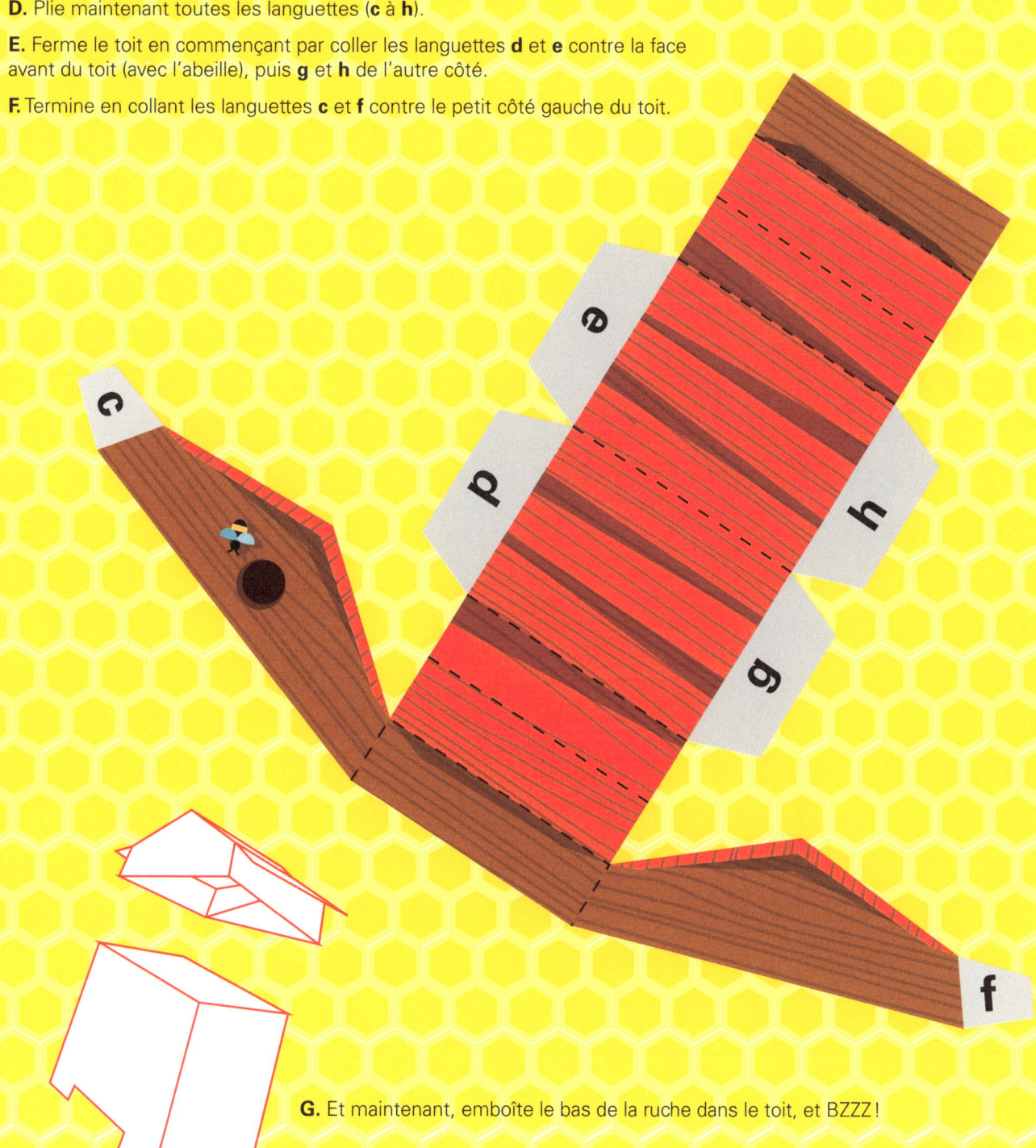

E. Ferme le toit en commençant par coller les languettes **d** et **e** contre la face avant du toit (avec l'abeille), puis **g** et **h** de l'autre côté.

F. Termine en collant les languettes **c** et **f** contre le petit côté gauche du toit.

G. Et maintenant, emboîte le bas de la ruche dans le toit, et BZZZ !

Mesdames et Messieurs,
à bientôt pour
de nouveaux découpages !

JEU n° 4 — Se TeNiR à CaRReau

Georges doit faire des travaux dans sa salle de bain et il a choisi un carrelage « nid d'abeilles », c'est-à-dire de forme hexagonale. En revanche, il hésite encore pour les couleurs...

En tout, il y aura 4 couleurs de carreaux. Chacune correspondant à un de ces motifs :
À toi de les choisir pour qu'elles aillent bien ensemble,
puis colorie le tout !

JEU n° 5 TouT MieLLeuX

Georges a vu cette publicité pour du miel dans deux vieux magazines...

A. Il pensait que c'était la même image mais si tu observes bien, tu trouveras 13 différences.

B. Que signifie l'expression « entre nous ça colle ! » sur cette image ?

  ❏ 1. Que lorsqu'on mange du « Miam miam miel », ça colle aux mains.
  ❏ 2. Que « Miam miam miel » et les personnes qui le dégustent s'aiment beaucoup.
  ❏ 3. Que lorsqu'on mange ce miel, les animaux nous collent pour en avoir un peu.

C. Quel morceau de l'image est à l'envers ?

- 1 -   - 2 -   - 3 -   - 4 -

Illustration : Michael Slack

D. Observe l'image ci-dessus et coche, pour chaque phrase, la catégorie qui lui correspond :

PHRASES :	**Catégorie 1 :** ce que **l'on voit réellement** sur l'image.	**Catégorie 2 :** ce que Georges **a imaginé** en regardant l'image.
a. Cela fait maintenant 5 ans que la grenouille et le lapin se connaissent.		
b. L'oiseau violet tient une tasse.		
c. Le serpent met ce chapeau tous les jours (c'est son préféré).		
d. Cet ours n'a plus faim mais il ne peut pas résister.		
e. Il y a des plantes, des cailloux et des champignons.		
f. En tout, on peut voir 10 animaux.		

JEU n° 6 — BZZ BZZ QuiZ

Illustration : Chi He

Georges sait que les abeilles ont un rôle très important dans la nature et qu'elles sont en danger mais il aimerait bien comprendre pourquoi... Voici 8 questions qu'il se pose.

A. Inscris devant chaque réponse ci-dessous, le numéro de la question qui lui correspond :

Question N° 4 > **Réponse :** Pour fabriquer les alvéoles* de la ruche, mais aussi pour nourrir la ruche durant l'hiver.

Question N° .... > **Réponse :** 7 sur 10.

Question N° .... > **Réponse :** Le pollen et le nectar des fleurs.

Question N° .... > **Réponse :** Grâce aux chauves-souris, au vent et à certains oiseaux.

Question N° .... > **Réponse :** 60 millions d'années avant l'homme.

Question N° .... > **Réponse :** La pollinisation.

Question N° .... > **Réponse :** Le miel, mais aussi 1 aliment sur 3 que nous mangeons.

Question N° .... > **Réponse :** Les prédateurs* (ex. le frelon*), les maladies et les produits chimiques qu'utilise l'homme sur les plantes.

Question 1 : Quand les abeilles sont-elles apparues sur Terre ?

Question 2 : Quels dangers font que chaque année 3 colonies* d'abeilles sur 10 disparaissent ?

Question 3 : Que récoltent les abeilles quand elles butinent ?

Question 4 : De retour à la ruche, pourquoi les abeilles transforment-elles leur récolte en miel ?

Question 5 :

En butinant, l'abeille transporte et dépose le pollen des fleurs mâles sur les fleurs femelles. Et ainsi, les plantes se reproduisent. Comment s'appelle ce phénomène ?

Question 6 :

Grâce à quels autres éléments le pollen peut-il également passer de fleur en fleur ?

Question 7 :

L'abeille est très efficace (elle butine 250 fleurs en 1 heure). Quelle part de plantes alimentaires se reproduisent grâce à elle ?

Question 8 :

Si on ne protège pas les abeilles, qu'est-ce qui va disparaître avec elles ?

B. Retrouve dans la grille tous ces noms de fruits et légumes que l'on peut manger grâce aux abeilles :

- ail
- amande
- asperge
- aubergine
- betterave
- céleri
- cerise
- châtaigne
- chou
- ciboulette
- citrouille
- concombre
- courge
- fraise
- framboise
- groseille
- laitue
- melon
- moutarde
- mûre
- navet
- oignon
- pêche
- persil
- poire
- pomme
- prune
- radis
- raisin
- rhubarbe

```
C O E L L I U O R T I C C H A T A I G N E R W F R K Q P L G
J U T N O C B U S M I R E C Y I K K Q O Q A R A D I S H W R
T U F B E T T E R A V E P R L L I S R E P Q K S E M M O P O
E S K E G E D K W U F R A M B O I S E Z O M L A I T U E M S
V I J R N N M O U T A R D E N M Y Q Y H I E C O U R G E Y E
A M N U A N P A U B E R G I N E O C I B O U L E T T E M U I
N S R M O O G E G R E P S A Z S H C F I V X F R A I S E U L
X P A L I H R H U B A R B E R O N C N C Y R T N I S I A R L
O U E R B E H D I R E L E C U B Q V E O C P N O N G I O F E
C M E C R O H E S I R E C Y I M K Q B P C S H M S T H C W I
```

Partie 3
DES RUBRIQUES-À-BRAC

LA RUBRIQUE "MéTieRS"
• **Apiculteur**
  page 40

LA RUBRIQUE "LaNGue"
• **Les anim'onomatopées**
  page 42

LA RUBRIQUE "BRiCoLaGe"
• **Course d'abeilles**
  page 44

LA RUBRIQUE "CuiSiNe"
• **Les oublies**
  page 46

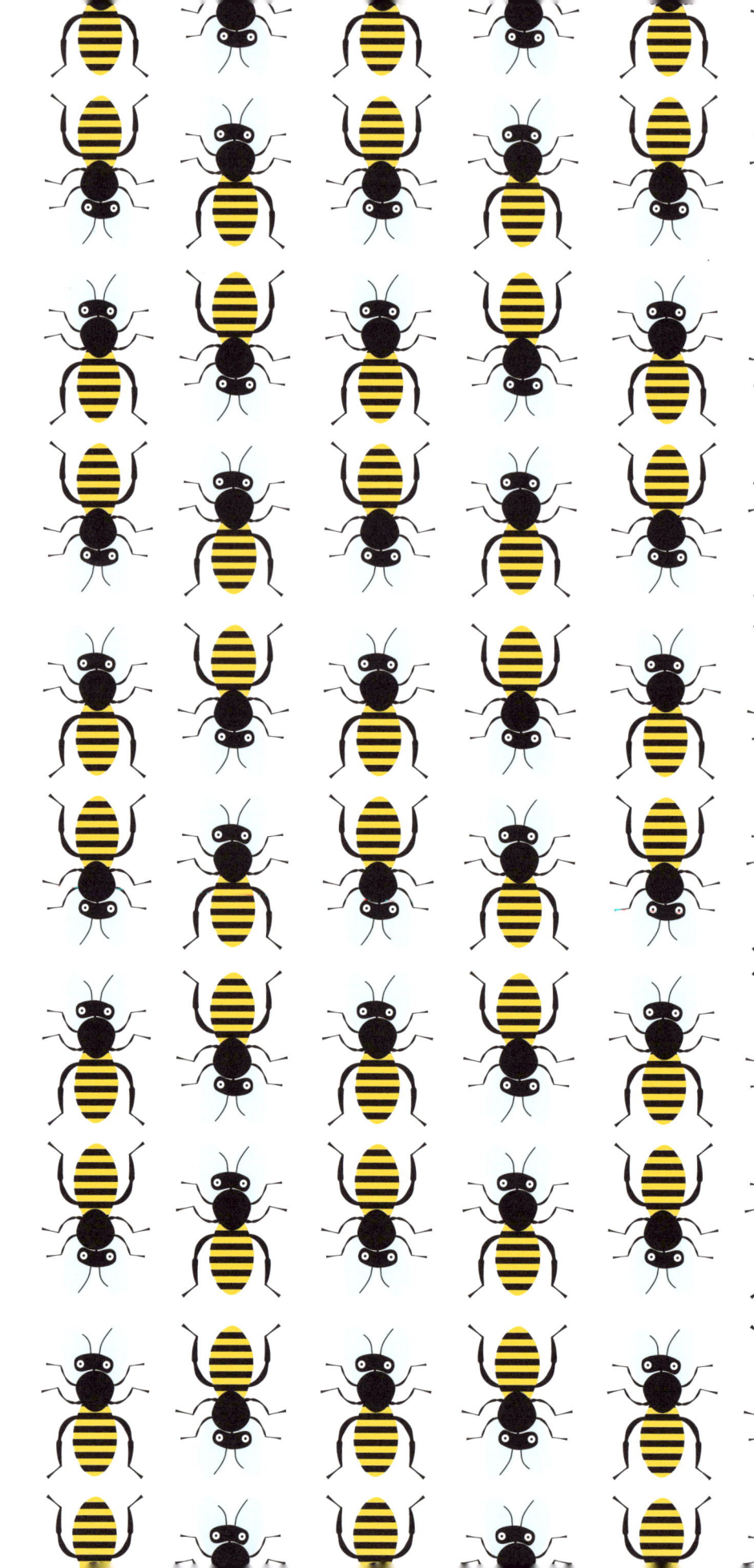

Tous les mots un peu compliqués et marqués de ce signe * sont expliqués dans le lexique page 56.

LA RUBRIQUE "MéTieRS"   Propos recueillis par Vincent Jadot - Illustration : Stéphanie Lasne

Quand j'étais PETIT je voulais déjà être...
Apiculteur

Georges avait rendez-vous avec Paul Peignier, un apiculteur, pour parler abeilles. Il se réjouissait à l'idée de goûter du miel, son péché mignon.

Quel métier rêvais-tu de faire quand tu étais petit ?

Paul — Celui que j'exerce aujourd'hui : apiculteur. J'habitais à la campagne et mes parents cédaient à chaque fois que je voulais des animaux : j'ai eu des pigeons, des lapins et un jour à l'âge de 12 ans… des abeilles !

Qu'est-ce qui t'a fasciné si tôt ?

Paul — Quand des enfants viennent voir nos ruches, ils sont « scotchés ». Comme moi à leur âge : il faut dire que c'est un spectacle fascinant !

Comment as-tu appris à dompter les abeilles ?

Paul — On ne les dompte pas, on prend soin d'elles pour qu'elles nous donnent du bon miel.

Quelles études as-tu suivi pour y parvenir ?

Paul — Je me suis inscrit dans un lycée agricole. J'ai fait des stages dans des fermes, dans lesquelles il n'y avait hélas pas de ruches… Ensuite, je suis allé à l'université, puis je suis devenu professeur dans un lycée agricole. Et pour enfin apprendre mon métier d'apiculteur, j'ai suivi une formation. J'ai racheté une ferme dans le Gers et j'y ai installé des ruches.

Qu'est-ce qui te plaît dans ce métier ?

Paul — D'abord, le fait d'être avec des abeilles. Et puis, c'est très varié, il faut savoir un peu tout faire… Menuisier, électricien pour assurer le confort des abeilles, boulanger pour fabriquer le pain d'épices… On peut aussi fabriquer du pollen, de la gelée royale, faire des élevages de reines…

Comment fait-on le miel ?

Paul — Ce sont les abeilles qui font l'essentiel : elles butinent les fleurs, elles récoltent le pollen, le rangent dans les alvéoles*…

Si on ne peut pas dresser les abeilles, comment fait-on pour qu'elles aillent uniquement butiner des fleurs d'acacia par exemple (pour faire du miel d'acacia) ?

Paul — On les emmène en transhumance*, comme les moutons.

Tel un berger, tu prends ton bâton et les abeilles te suivent ?

Paul — Non, on les transporte la nuit dans un camion pour les emmener là où il y a, par exemple, des fleurs d'acacias.

Pourquoi la nuit ?

Paul — Parce que dans le noir, les abeilles ne peuvent plus s'orienter. Elles arrêtent de voler et restent tranquillement dans leur ruche.

Elles voyagent souvent ?

Paul — Oui, car on fait six variétés de miels mono-floraux*. Il faut donc changer de zone mellifère*.

Quand tu les contraries, elles te piquent ?

Paul — Si le temps est orageux, ou si on les brusque un peu : oui. Mais je suis immunisé*. Les piqûres ne gonflent plus.

Et c'est beaucoup de travail ?

Paul — On a 700 ruches… Entre le soin apporté aux abeilles et la préparation du miel, du pain d'épices, etc. On ne s'ennuie pas !

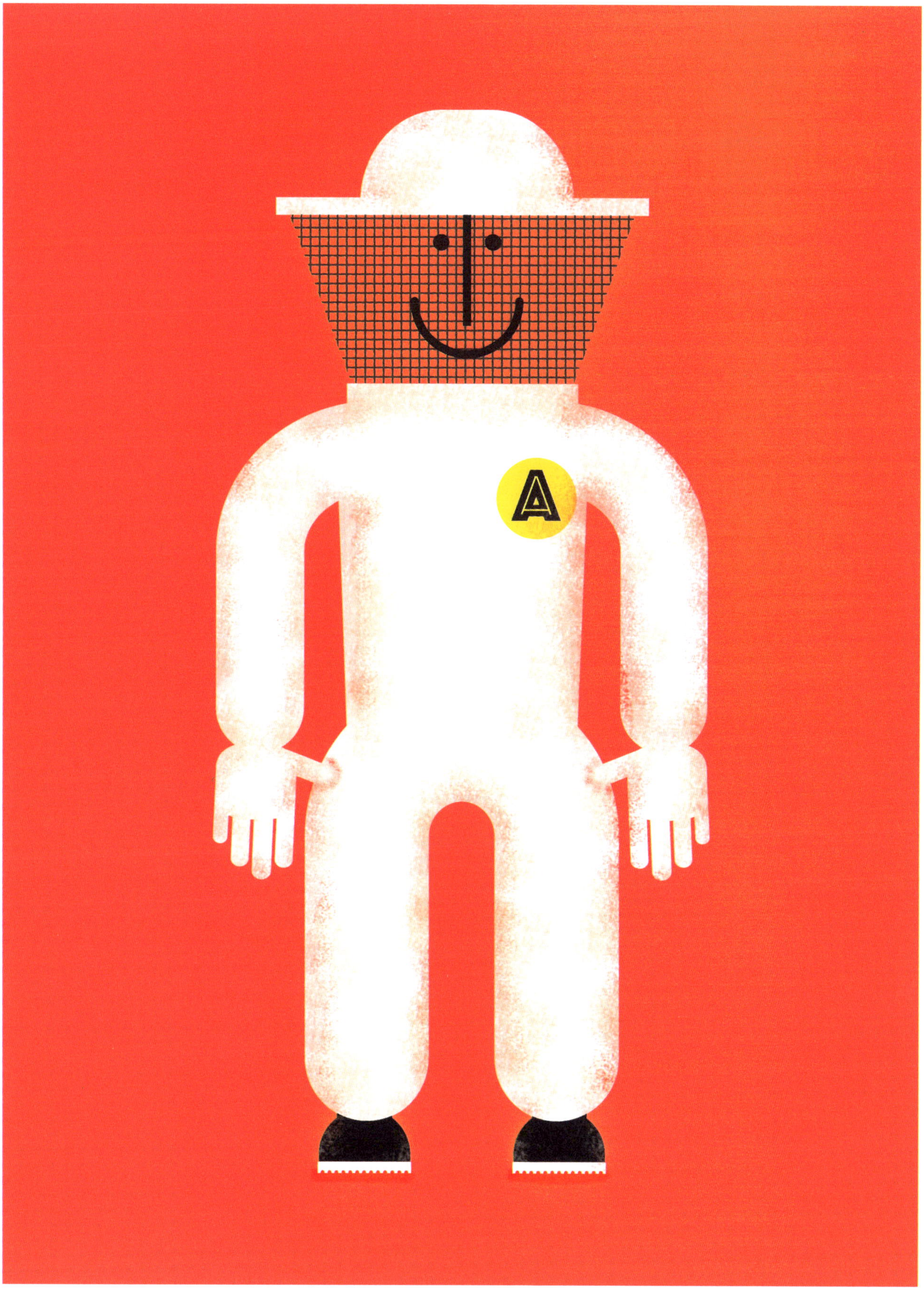
A

LA RUBRIQUE "LaNGue"

Illustration : Stéphanie Lasne

Bla-Bla-Bla...
Les anim'Onomatopées

Une onomatopée est un mot qui imite un bruit. Comme pour les autres mots, les onomatopées ne sont pas les mêmes en fonction des langues. Georges a profité de ce numéro Abeille pour rechercher des « anim'onomatopées » qu'il a classées dans ce tableau :

	FRANÇAIS	ALLEMAND	ANGLAIS	ESPAGNOL	ITALIEN	PORTUGAIS
ABEILLE	bzzz	summ summ	buzz	bzz	bzz	bzzzzzz
ÂNE	hi han	i-a	hee haw	ji jon	hi ho	hi om
CANARD	coin coin	quak	quack	cua cua	qua qua	qua qua
CHAT	miaou	miau	meow	miaú	miao	miau
CHEVAL	hiii	hüa	neigh	hiiii	iiiii	hiiiiihi
CHIEN	ouaf	wau wau	woof	guau guau	bau bau	au au
COQ	cocorico	kikeriki	cock-a-doodle-doo	quiquiriqui	chicchirichi	cocorocockó
GRENOUILLE	coââ-coââ	quak quak	ribbit	cruá-cruá	cra cra	ribit ribit
MOUTON	bêê	mäh	baa	bee	beeh	méé
OISEAU	cui-cui	pip pip	tweet tweet	cuik cuik	cip cip	piu piu
VACHE	meuh	muh	moo	mu	muu	muuu

JEU

Complète cette histoire avec les bonnes onomatopées. Solutions p.55.

Une **vache espagnole** croise un **oiseau portugais** et lui dit : « .... ». Il lui répond : « .... ».

Un **cheval italien** qui passait par là ajoute : « .... ». L'amie du cheval - une **grenouille allemande** - n'a pas l'air

d'accord et dit : « .... ». C'est à ce moment-là que le **canard français**, qui avait écouté toute la discussion, s'en

mêle également et dit bien fort : « .... ». Le **coq anglais,** sentant que la discussion commençait à dégénérer, préféra

conclure et dit tranquillement : « .... ».

42

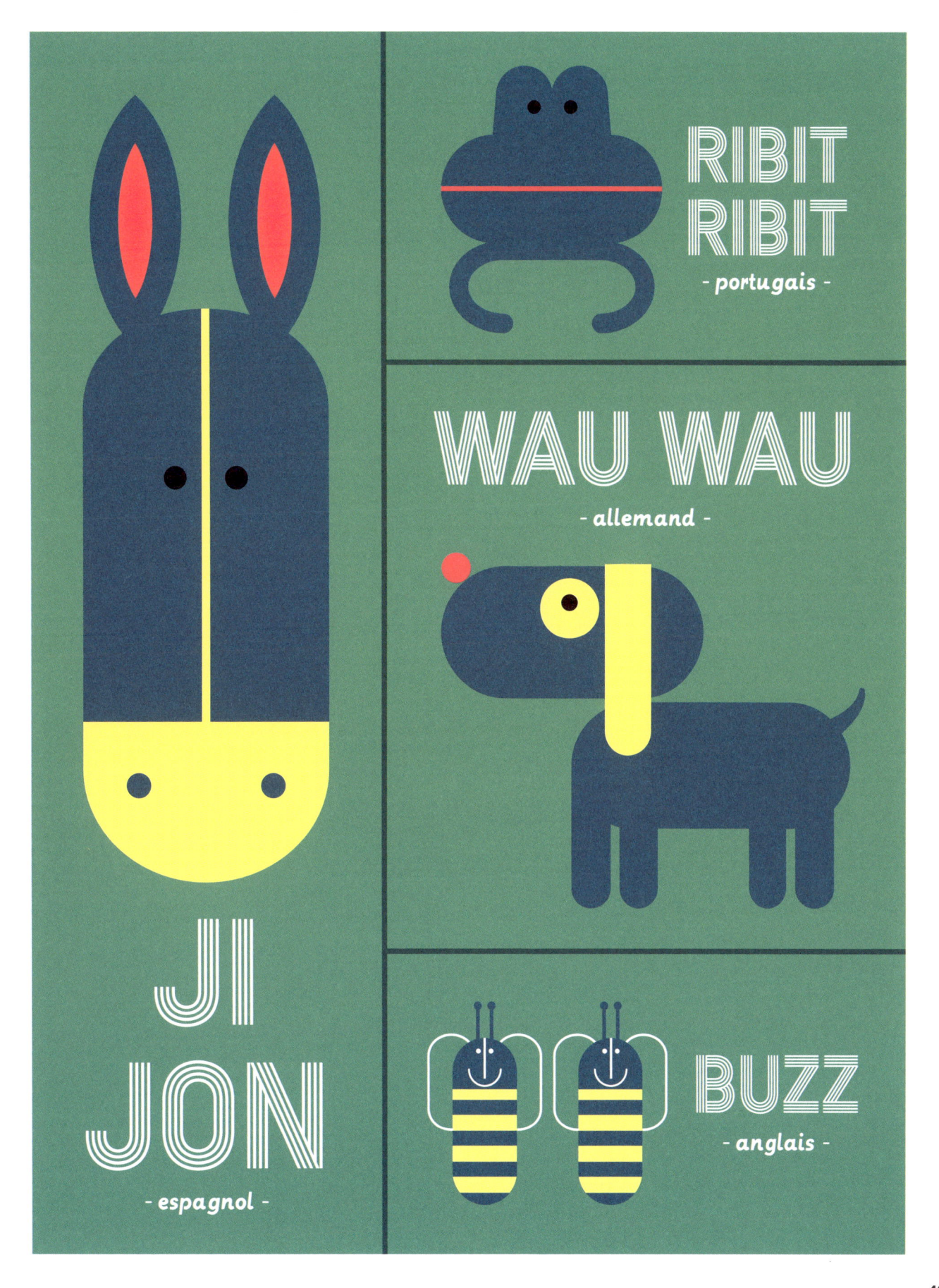

RIBIT
RIBIT
- portugais -

WAU WAU
- allemand -

JI
JON
- espagnol -

BUZZ
- anglais -

LA RUBRIQUE "BRiCoLaGe"   Illustration : Stéphanie Lasne

Si j'avais un marteau (ou pas)
Course d'abeilles

« Course d'abeilles » est un jeu de société datant de 1973, inventé par Miklós Von Tóth. Georges te propose de le découvrir en le fabriquant.

MATÉRIEL

> de la colle   - des ciseaux   - 2 morceaux de carton souple (exemple : boîte de céréales)

MODE D'EMPLOI

1 • Avant de commencer, Georges te conseille de lire les pages 42-43 et 46-47. Tu peux aussi ne pas découper Georges, voir en bas de page.

2 • Découpe le rectangle avec les pions ci-contre et colle-le sur un morceau de carton souple.

3 • Découpe maintenant les 24 pions.

4 • Découpe le plateau de jeu situé sur la page de droite et colle-le sur un morceau de carton souple.

PRÉPARATION

• Chaque joueur dispose ses pions sur le plateau en tenant compte de l'emplacement des chiffres blancs. Pour 2 joueurs, choisir des camps diagonalement opposés, par exemple rouge et rose.

RÈGLE DU JEU

• Le but du jeu est de placer le premier ses 6 pions dans le camp opposé (cette fois-ci, sans tenir compte de l'emplacement des chiffres blancs).

• Les joueurs jouent chacun à leur tour. Pour se déplacer, le joueur choisit un de ses pions. Sur ce pion, il choisit un chiffre. Ce chiffre lui indique de combien de cases il doit avancer, ainsi que la direction. **Exemple ci-contre :** le joueur a choisi le chiffre 2 sur son pion. Il va donc avancer de 2 cases dans cette direction.

• Un pion ne peut pas passer par-dessus un autre.

• Pour le dernier déplacement permettant de rejoindre le camp opposé, il n'est pas nécessaire d'avoir le chiffre exact correspondant au nombre de cases, on peut s'arrêter en chemin.

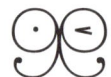

Si tu ne veux pas découper Georges, tu trouveras la page ci-contre dans les bonus du site sur **www.magazinegeorges.com**

PLATEAU DE JEU

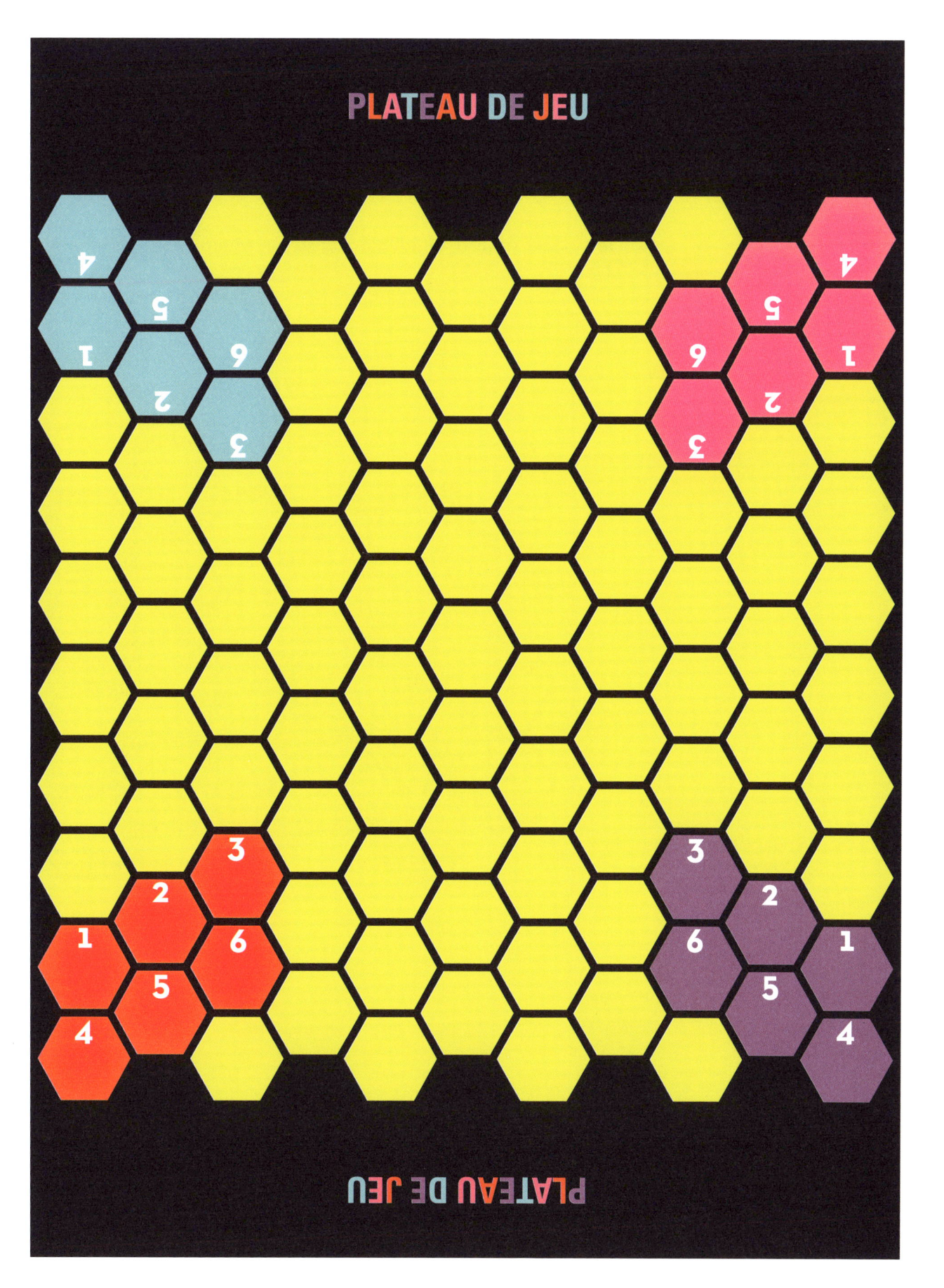

LA RUBRIQUE "CuiSiNe" Illustration : Stéphanie Lasne

À table !!!
Les OublieS

Oyez, oyez, braves gens ! Voici une recette pour voyager dans le temps ! Georges a découvert l'ancêtre de la gaufre qui date du Moyen Âge et s'appelle « l'oublie ». Fabriqué et vendu à la criée* par les « oublieurs », ce biscuit au miel (qui était plus fin qu'une gaufre) était cuit entre 2 plaques de fer puis roulé en cornet ou bâton. Un jour, un forgeron* créa un moule avec des plaques en forme d'alvéoles* et ce jour-là, les oublies prirent le nom de gaufre. Il faut dire que le mot « gaufre » désigne à la base les alvéoles de cire fabriquées par les abeilles.

INGRÉDIENTS (pour une quinzaine d'oublies) / MATÉRIEL

> Recette à faire avec un adulte !
- 250 g de farine
- 250 g de miel liquide
- 2 œufs
- 10 cl d'eau
- du beurre ou de l'huile
- un gaufrier

PRÉPARATION

1. Mélanger le miel et l'eau pour obtenir de « l'eau mielleuse ».

2. Mettre la farine dans un saladier, creuser un puits et ajouter les œufs.

3. Remuer en ajoutant petit à petit le miel fondu.

4. Laisser reposer la pâte environ 1h.

5. Beurrer ou huiler les plaques du gaufrier puis attendre qu'elles soient très chaudes.

6. Les oublies étaient fines et rondes, il faut donc disposer une petite boule de pâte au centre de chaque plaque, sans les étaler puis refermer l'appareil et attendre quelques minutes.

7. Déguster l'oublie (avec ou sans confiture) et ne pas hésiter à re-beurrer les plaques du gaufrier entre chaque fournée !

Vos oublies sont si mielleuses Clodomir !

actualités
qui stimulent la curiosité !

Roman graphique
Le Facteur de l'espace

Jusqu'à ce matin, la tournée du facteur Bob consistait en une routine bien tranquille : livrer le courrier dans l'espace intersidéral à bord d'un vaisseau spatial. Mais la nouvelle journée qui commence va bousculer ses habitudes, l'itinéraire de Bob est modifié. Voilà qui n'est pas pour plaire au héros pantouflard de cette aventure, qui lui réserve pourtant de belles rencontres.
Avec un dessin épuré, de l'humour et de nombreux clins d'œil, Guillaume Perreault nous montre que de l'imprévu peuvent naître de très bonnes choses. V.J.
De Guillaume Perreault • Éditions La Pastèque • 146 pages • 18 €
Dès 8-9 ans

AU FAIT, C'EST LE **15 MAI 2017** QU'EST PRÉVU LE RETOUR SUR TERRE DE L'ASTRONAUTE **THOMAS PESQUET** (10E FRANÇAIS À VOYAGER DANS L'ESPACE), PARTI 6 MOIS À BORD DE LA STATION SPATIALE INTERNATIONALE (ISS)…

Roman illustré
Les Zarnak, à la rescousse

Dans le tome 1 de cette collection, M. et Mme Zarnak, un couple de hyènes, avaient récupéré dans une réserve africaine les habits de touristes anglais dévorés par des crocodiles. Ils s'étaient alors glissés ni vu ni connu dans un avion et installés dans leur appartement. Dans ce nouvel épisode, on les retrouve venant au secours d'animaux en détresse : une dame crocodile, une femelle caniche chanteuse d'opéra ou encore des chevaux qui n'aiment pas courir…
Une galerie de personnages archi-attachants, croqués avec malice et qui donnent, avec beaucoup d'humour, une leçon de tolérance et de générosité. V.J.
De Julian Clary, illustré par David Roberts
Éditions ABC Melody • 276 pages • 13,50 €
Dès 8 ans

EN PARLANT D'ANIMAUX, AU MOIS DE **JANVIER DERNIER**, UNE GALERIE D'ART À HELSINKI A EXPOSÉ DES TABLEAUX RÉALISÉS PAR UN **OURS BRUN**, VIVANT DANS UN ZOO FINLANDAIS.

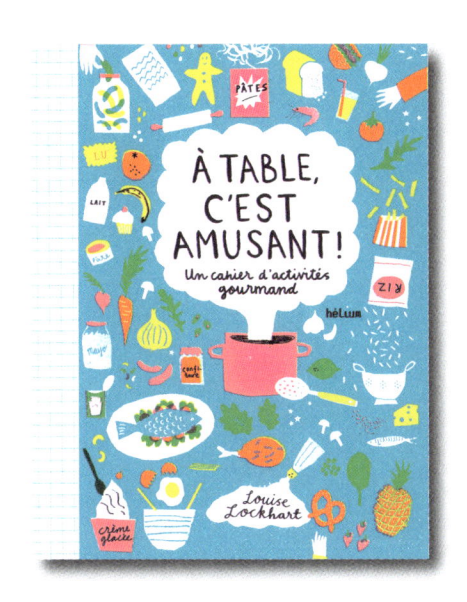

Texte : Laure Griffin, Vincent Jadot et Claire Le Nestour

Cahier d'activités gourmand
À table, c'est amusant !

Bien plus qu'un livre pour les jeunes cuistots, les curieux et les artistes, ce cahier d'activités au style joyeux et coloré te propose entre autres d'inventer la vie d'une saucisse en BD, de dresser la liste noire des choses que tu ne mangerais jamais, de créer ta boîte de céréales ou encore ton menu idéal et même de percer les mystères d'une recette secrète, celle du gâteau éponge. Au total 172 pages de mots croisés, de rébus… pour s'ouvrir l'appétit, écrire son journal intime et faire monter en neige son imagination. V.J.
De Louise Lockhart • Éditions Hélium • 172 pages • 15,90 € • Dès 6-7 ans

MIAM ! LE **11 JUIN 2017** CE SERA LA **FÊTE DE LA FRAISE** À PLOUGASTEL-DAOULAS EN BRETAGNE !

Livre documentaire
La vie en typo

Trajan, Futura, Times New Roman, Helvetica… Tous ces noms ne vous disent peut-être rien. Pourtant, elles sont partout : sur les emballages de tout ce qui fait un bon petit-déjeuner, dans les génériques télé, sur ton T-shirt préféré. Il s'agit des polices qui donnent du caractère à tout ce qui est écrit. Impossible de résister à cette invitation pour un voyage très graphique et passionnant dans le monde de la typographie, de ses créateurs, de son histoire. V.J.
De Céline Delavaux, illustré par Stéphane Kiehl Éditions Actes Sud Junior • 72 pages • 18 € Dès 10 ans

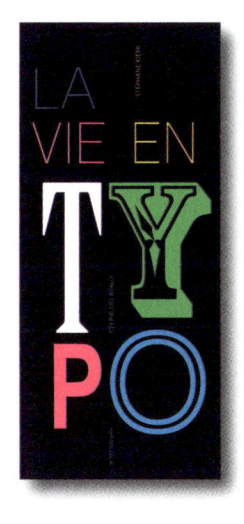

PEIGNOT et UNIVERS

EN **2017**, LES CÉLÈBRES **TYPOGRAPHIES « PEIGNOT »** (CRÉÉE PAR CASSANDRE) ET **« UNIVERS »** (CRÉÉE PAR ADRIAN FRUTIGER), FÊTENT RESPECTIVEMENT LEURS 60 ET 50 ANS !

49

actualités
qui stimulent la curiosité !

Exposition
Le monde en pyjamarama

Oui, oui, Georges a bien écrit « pyjamarama ». Ce drôle de mot sort tout droit du cerveau de deux auteurs-illustrateurs qui ont remis au goût du jour l'ombro-cinéma, une version « préhistorique » du cinéma d'animation qui donne l'illusion du mouvement grâce aux ombres des rayures. D'habitude, Frédérique Bertrand et Michaël Leblond publient des livres où le lecteur anime les images en superposant des papiers rayés. Cette fois, ils voient plus grand avec *Le monde en pyjamarama*, une exposition en trois dimensions. Il y aura des boîtes magiques, des machines, des robots en papier découpé et beaucoup de rayures...
Le tout au Havre dans le cadre du festival Une Saison Graphique. Le 3 mai, les auteurs publieront aussi *Le Havre en pyjamarama*. Pour ses 500 ans, la ville normande méritait bien un costume de fête : un pyjama, à rayures bien sûr. V.J.

Du 10 mai au 3 septembre 2017 • Bibliothèque Oscar Niemeyer, 2 place Niemeyer, 76600 Le Havre • Toutes les infos sur : lireauhavre.fr et unesaisongraphique.fr

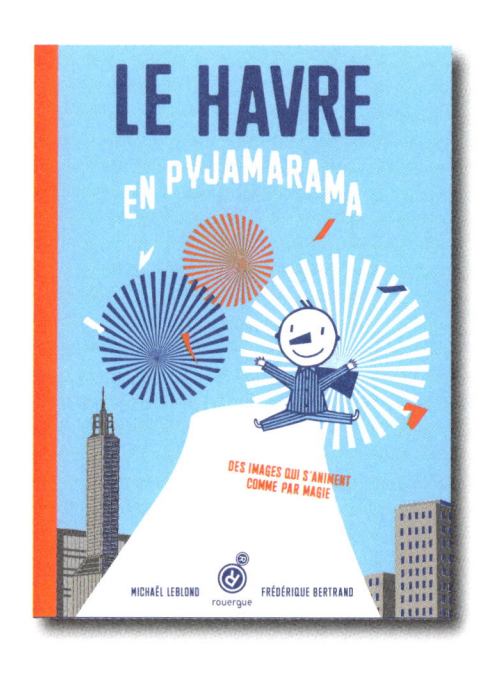

D'AILLEURS, LES 500 ANS DU HAVRE SERONT ÉGALEMENT FÊTÉS À TRAVERS LE FESTIVAL **UN ÉTÉ AU HAVRE**, QUI COMMENCERA LE **27 MAI 2017** ET DURANT LEQUEL DES INSTALLATIONS SERONT À DÉCOUVRIR DANS TOUTE LA VILLE ! ET POUR L'OCCASION, UN **CARNET DE JEUX GEORGES** SERA OFFERT AUX FAMILLES !

Paper-toy
Piperoid

Avec leurs trous bien alignés, ils pourraient passer pour des flûtes à bec, des sarbacanes colorées ou des pailles à cocktails sabotées. Les tubes en papier de Piperoid ressemblent à tout sauf à des animaux ou des robots. Et pourtant... Une fois découpés, écrasés et assemblés, ils se transforment (sans colle) en figurines articulées. Ces jeux de papier ont voyagé depuis le Japon pour épater les Français. Il n'y a plus qu'à plier ! C.L.N.

Dès 9,90 € • http://boutique.lesjouetslibres.fr

Texte : Laure Griffin, Vincent Jadot et Claire Le Nestour

CAZ_10, Côte d'Azur, 2007 © Invader

Exposition
Hello My Game Is...

Sais-tu qu'un des pionniers du street art a pris le Musée en Herbe (à Paris) comme terrain de jeu ? Invader y expose en effet son œuvre où les petits carreaux de mosaïque forment des « space invaders », créatures souvent placées aux quatre coins des rues et parfois dans des lieux plus insolites.

Une exposition qui se joue, que ce soit avec des tableaux en Rubik's Cube, des bornes de jeux vidéo mythiques ou encore en se glissant dans la peau de l'artiste avec des magnets en guise de pixels. Sans oublier : jeux de piste, visites-ateliers avec (ou sans) parents et goûters-apéros à partager en famille... L. G.

Jusqu'au 3 septembre 2017 • Musée en Herbe, 23 rue de l'Arbre-Sec, 75001 Paris • www.musee-en-herbe.com

> Et aussi : *FlashInvaders* l'application de l'artiste à télécharger pour chasser tous les space invaders dans les rues.

© Loïc Huguet

À CE SUJET, TOUT AU LONG DE CETTE **ANNÉE 2017**, LE **STREET-ART** EST MIS À L'HONNEUR DANS LA VILLE DE CHICAGO ! (SITUÉE AUX ÉTATS-UNIS D'AMÉRIQUE).

Application
Hidden Folks

Adriaan concevait des jeux vidéo. Sylvain dessinait. Un jour, le premier a voulu faire une blague au second en bricolant un jeu à partir de ses croquis. Quelques années plus tard, voilà *Hidden Folks*, « gens cachés » en français. L'application propose de chercher des personnages dans un monde où tout est dessiné au crayon noir sur fond blanc. Forêt, usine, désert... Un nouvel univers s'ouvre dès que le joueur a découvert les surprises concoctées par les développeurs. Avec eux, tout est fait maison. Les garçons ont même enregistré 960 bruits de bouche pour leur super bande son ! C. L. N.

D'Adriaan de Jongh et Sylvain Tegroeg • Pour iPhone, iPad (3,99 €), Windows et Linux (7,99 €) • Sortie en février 2017

actualités

Dans les petits papiers de...
Steffie Brocoli

Propos recueillis par Anne-Bénédicte Schwebel.

L'illustratrice (qui avait participé à Georges N° Machine à laver) nous parle de son travail !

À quoi ressemble ton bureau ?

J'ai la maxi chance d'avoir 2 bureaux, selon le travail que je dois faire.
Le 1er est dans le salon, parce que je travaille à la maison avec mon amoureux Sébastien Touache qui est aussi illustrateur. Il y a mon ordinateur et ma tablette graphique (pour dessiner directement à l'ordinateur). Il y a aussi un carnet pour prendre des notes, un gros pot à crayon, une bougie, une plante verte, et souvent, une grosse pile de papiers à trier (j'avoue que je suis un peu désordonnée).
Mon 2e bureau est dans une pièce dédiée à la peinture et au bricolage. On y trouve plein de matériel : papier, pinceaux, tissu, bois, adhésifs, rubans…
Une « caverne-réserve » d'Ali Baba où je peux mettre le bazar autant que je veux !

Comment organises-tu tes journées ?

Le matin, j'aime bien boire mon café en pyjama, ensuite je prends ma douche pour me réveiller, puis je m'installe à l'ordinateur pour répondre aux mails. Parfois je prends mon vélo pour aller à des rendez-vous ou faire des courses de matériel. L'après-midi je dessine, jusqu'à souvent très tard le soir. J'aime bien travailler la nuit, tout est plus calme.

De quels métiers rêvais-tu petite ?

Vendeuse de chaussures, institutrice, gymnaste, chorégraphe*, styliste* puis finalement je suis devenue illustratrice.

Le livre que tu préférais quand tu étais enfant ?

La belle lisse poire du prince de Motordu, de Pef. En format géant bien sûr.

Comment trouves-tu ton inspiration ?

J'avoue que parfois on me souffle quelques idées. Certains éditeurs* ont des demandes très précises, ça me sort de mes habitudes ! Sinon, je regarde beaucoup d'images, des encyclopédies illustrées… et je vais aussi beaucoup dessiner dans les musées d'archéologie, d'histoire naturelle et dans les expositions de peinture et d'objets folkloriques*. J'adore aussi voyager, je reviens toujours avec plein de nouvelles idées.

Tu dessines pour des livres mais pas que… En ce moment, quels sont les projets sur lesquels tu travailles ?

J'imagine des kits de *DIY* (*Do it yourself**) : des activités à fabriquer toi-même, tout seul chez toi avec une imprimante, de la colle et des ciseaux. Je prépare aussi un chantier de fresque murale dans une école primaire pour le mois d'avril. Je vais peindre avec les enfants pendant toute une semaine pour décorer la cour de leur école ! J'aime beaucoup peindre sur les murs, et travailler avec les enfants c'est toujours super chouette.

LÉGENDES VISUELS :

1. Autoportrait de Steffie Brocoli en rollers
2. Dessin fait au musée du Prado à Madrid (Espagne)
3. Statues   4. Fresque murale   5. *La Fourmi*

BOÎTE À QUESTIONS

TON OUTIL PRÉFÉRÉ ? Le pinceau.

SI TU ÉTAIS UN ANIMAL ?
Un cochon d'Inde péruvien ! Pour leur chevelure et parce que j'aime aussi beaucoup les graines.

TON DERNIER GOÛTER ? Gaufre + nutella + chantilly.

TON SUPER-HÉROS FAVORI ? Bob l'éponge.

L'OBJET QUI TE FAIT RIRE ?
Les yeux mobiles en plastique, ceux qui sont autocollants ! C'est mon secret pour rendre n'importe quel objet plus rigolo.

UN AUTRE MÉTIER QUE TU AIMERAIS FAIRE ?
Chanteuse-danseuse-musicienne, mais ce n'est pas évident de tout faire en même temps !

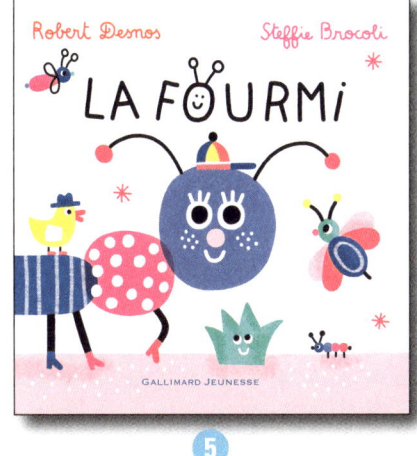

QUELQUES DATES :

1989 : Naissance à Clermont-Ferrand, le 23 juillet

EN 2010 ET 2012 : B.T.S. Communication visuelle (graphisme) et diplôme des métiers d'Art en gravure à l'école Estienne (Paris)

ENTRE 2012 ET 2016 : Sorties des livres *Il a neigé ce matin !* - Mango Jeunesse (prix de la Nuit du Livre Jeunesse), *V'là le bon vent, V'là le joli vent*, texte : Sandrine Le Guen - Actes Sud Junior, *Une balade avec Dame Forêt*, texte : Catherine Bidet - Mango jeunesse, *Des gommettes et des histoires* - Mango jeunesse

2017 : Le 4 mai > Sortie de *La Fourmi*, texte : Robert Desnos - Gallimard jeunesse

Le 9 juin > Sortie de *Sticky Book* - Mango jeunesse

En août > Sortie de *Les chiffres font leur numéro* - Éditions amaterra

En octobre > Sortie de *1001 choses à colorier* - Éditions Auzou

> Et plein d'autres projets trop cool à paraître en 2017 mais que je dois garder secret car ils ne sont pas tout à fait terminés !

Solutions

JEU n° 1 — La PeTiTe BêTe Qui MoNTe !

A. Il fallait rayer les araignées, les chenilles, les vers et les scorpions qui ne sont pas des insectes.
B. C'est cet insecte qui n'a pas de double sur l'image :
C. ENTOMOLOGISTE.
D. 1. Il portait un **costume**, avec un joli nœud **papillon**.
2. Trier tout ça ! Mais c'est un véritable **travail** de **fourmi** !
3. Demain nous irons **chercher** des vieux objets au **marché** aux **puces**.
4. Cela ne peut pas être lui le coupable, il ne ferait pas de **mal** à une **mouche** !

JEU n° 2 — HaPPy* CuLTuRe

A. a → N° 2. **b** → N° 3. **c** → N° 6. **d** → N° 5. **e** → N° 7. **f** → N° 4. **g** → N° 1.
B. 50 000.
C. 1 : c. **2 :** f. **3 :** b. **4 :** d. **5 :** a. **6 :** e.
D. L'ombre N° 3.

JEU n° 3 — Qui eST au BouT Du FiL ?

L'abeille indique aux autres où se trouve le champ de fleurs qu'elle a trouvé **EN DANSANT**.

Explications à ce sujet : si la source de nourriture est proche, l'abeille tourne simplement en rond. Si le lieu est un peu éloigné, elle effectue une « danse frétillante ». Pour cela, elle se place à la verticale, sur les rayons de la ruche. Elle commence par frétiller le long d'une ligne imaginaire, puis elle fait demi-tour et retourne à son point de départ, elle refait alors une ligne frétillante, puis elle fait demi-tour pour rejoindre son point de départ, mais dans l'autre sens, etc. Voir schéma ci-contre.

À savoir également sur cette danse :
> L'angle de sa ligne frétillante par rapport à la verticale indique la direction de la nourriture par rapport au Soleil.
> Plus l'abeille frétille le long de sa ligne, plus cela signifie que le lieu est loin.

Sur cet exemple, le champ de fleurs se situe à 45° à gauche du Soleil.

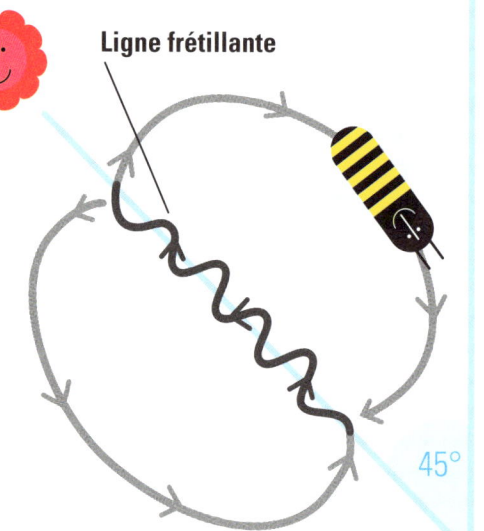

Ligne frétillante

45°

JEU n° 5 TouT MieLLeuX

A. Voir ci-contre.
B. 2.
C. Le N° 2.
D. Phrase a : catégorie 2.
Phrase b : catégorie 1.
Phrase c : catégorie 2.
Phrase d : catégorie 2.
Phrase e : catégorie 1.
Phrase f : catégorie 1.

JEU n° 6 BZZ BZZ QuiZ

A. Voici l'ordre des questions (de haut en bas et de gauche à droite) : 4, 7, 3, 6, 1, 5, 8 et 2.
B. Voir ci-dessous.

```
C O E L L I U O R T I C C H A T A I G N E R W F R K Q P L G
J U T N O C B U S M I R E C Y I K K Q O Q A R A D I S H W R
T U F B E T T E R A V E P R L L I S R E P Q K S E M M O P O
E S K E G E D K W U F R A M B O I S E Z O M L A I T U E M S
V I J R N N M O U T A R D E N M Y Q Y H I E C O U R G E Y E
A M N U A N P A U B E R G I N E O C I B O U L E T T E M U I
N S R M O O G E G R E P S A Z S H C F I V X F R A I S E U L
X P A L I H R H U B A R B E R O N C N C Y R T N I S I A R L
O U E R B E H D I R E L E C U B Q V E O C P N O N G I O F E
C M E C R O H E S I R E C Y I M K Q B P C S H M S T H C W I
```

BLa-BLa-BLa...

Voici l'histoire complétée :
Une **vache espagnole** croise un **oiseau portugais** et lui dit : « **mu** ». Il lui répond : « **piu piu** ». Un **cheval italien** qui passait par là ajoute : « **iiiii** ». L'amie du cheval - une **grenouille allemande** - n'a pas l'air d'accord et dit : « **quak quak** ». C'est à ce moment-là que le **canard français**, qui avait écouté toute la discussion, s'en mêle également et dit bien fort : « **coin coin** ». Le **coq anglais,** sentant que la discussion commençait à dégénérer, préféra conclure et dit tranquillement : « **cock-a-doodle-doo** ».

LEXIQUE

De ce numéro écologique !

A, B

- **ALVÉOLES :** petits espaces en cire que fabriquent les abeilles pour y déposer leurs œufs et leur miel.
- **BIDONVILLE :** quartier où les gens très pauvres ont fabriqué leurs habitations avec des planches, des morceaux de tôle ou d'autres matériaux récupérés.
- **BUTINAGE :** voler de fleur en fleur.

C

- **CASTING :** sélection de personnes pour un film ou un spectacle.
- **CHORÉGRAPHE :** artiste qui compose des danses.
- **COLONIE :** groupe d'animaux vivant ensemble.
- **CRIÉE (VENDRE À LA CRIÉE) :** crier aux piétons que l'on a quelque chose à leur vendre.

D

- **DÉSŒUVRÉ(E) :** qui n'a pas d'activités et qui s'ennuie.
- *DO IT YOURSELF* : expression anglaise qui signifie « fais le toi-même ».

E

- **ÉDITEUR :** personne dont le métier est de faire des livres en choisissant des écrivains et/ou illustrateurs, puis en s'occupant de la fabrication et de la mise en vente.
- **EIFFEL (GUSTAVE) :** ingénieur français, spécialiste de la construction métallique, qui a réalisé notamment la tour Eiffel à Paris.
- **EXPOSITION UNIVERSELLE :** créé en 1851, cet événement mondial a lieu environ tous les 4 ans dans différentes villes. Les pays du monde entier y présentent leurs dernières réalisations technologiques et industrielles.

F

- **FAUX BOURDON :** mâle des abeilles.
- **FÉMINISTE :** qui défend l'égalité des droits entre les hommes et les femmes.
- **FOLKLORIQUE :** en rapport avec les traditions d'un pays.
- **FORGERON :** personne qui travaille le fer.
- **FOSSILISATION :** quand un animal ou une plante passe à l'état de fossile.
- **FRELON :** grosse guêpe.

G, H

- **GLANDE :** mot familier pour désigner du temps passé à ne rien faire, sans but précis.
- *HAPPY* : mot anglais qui signifie « heureux ».

I

- **IMMUNISÉ :** qui ne peut plus attraper une maladie ou une allergie.
- **INTERVIEW :** discussion pendant laquelle on pose des questions à une personne pour connaître ses idées, ses projets…

M

- **MELLIFÈRE :** se dit d'une plante qui produit une substance avec laquelle les abeilles font le miel.
- **MONOFLORAL :** fait avec une seule espèce de fleur.

P

- **PANACHE (AVEC) :** avec fière allure.
- **PRÉDATEUR :** animal qui chasse d'autres animaux pour se nourrir.

S, T

- **SÉQUENCE :** suite d'images qui forme une scène dans un film.
- **STYLISTE :** personne dont le métier est de dessiner des vêtements ou des accessoires.
- **TILBURY :** voiture à cheval décapotable.
- **TRANSHUMANCE :** fait de déplacer le bétail dans la haute montagne en été.

V

- **VENTILEUSE :** abeille qui bat des ailes à l'entrée de la ruche pour l'aérer et régler ainsi sa température.

Découvrez la collection !

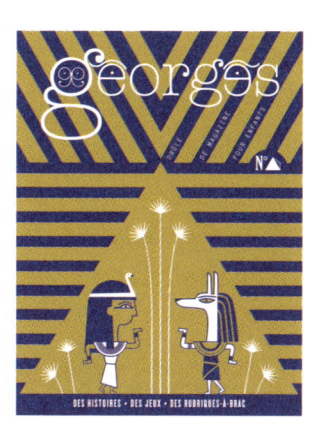

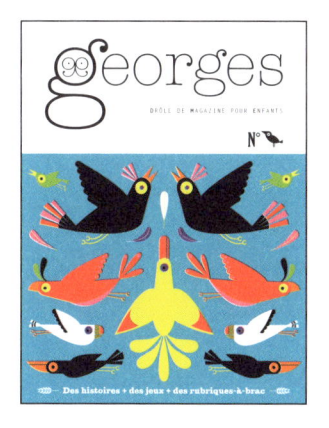

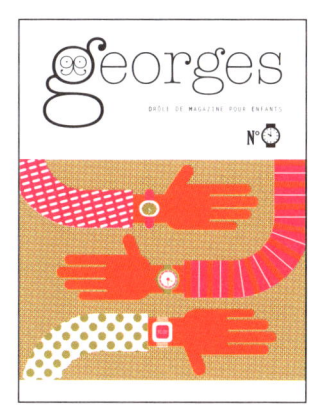

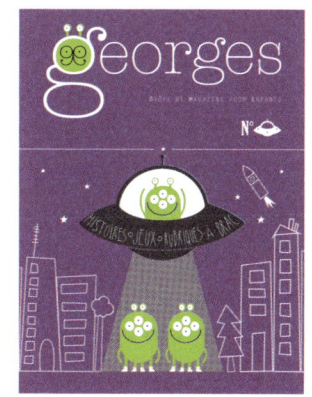

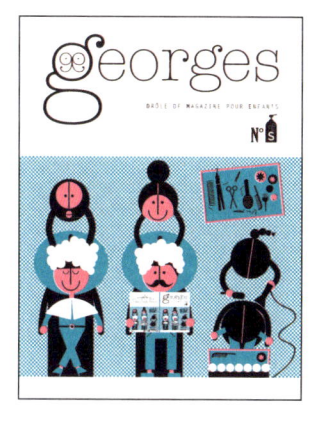

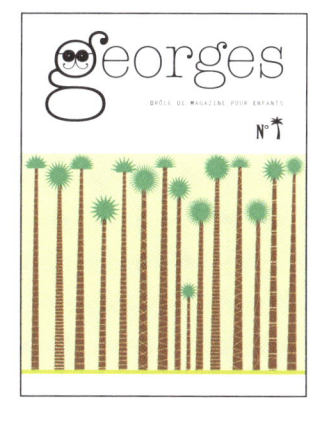

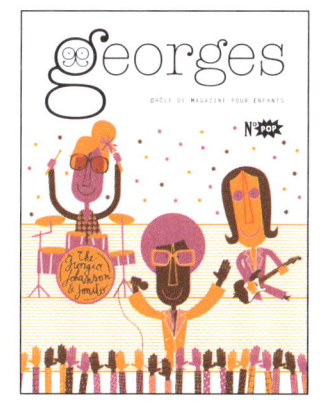

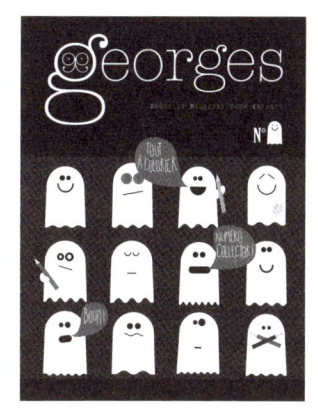

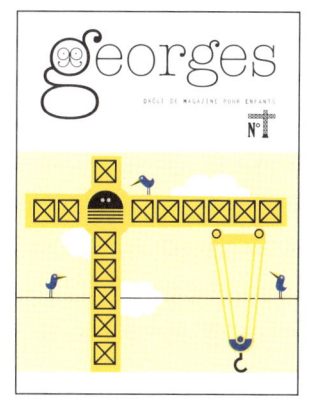

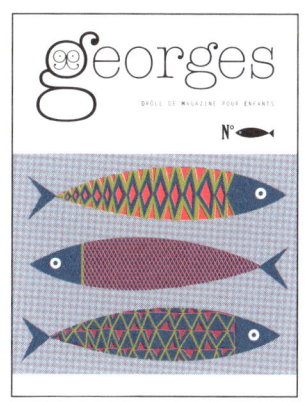

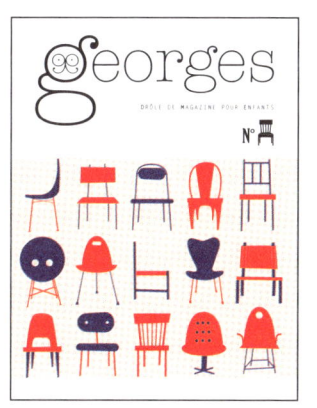

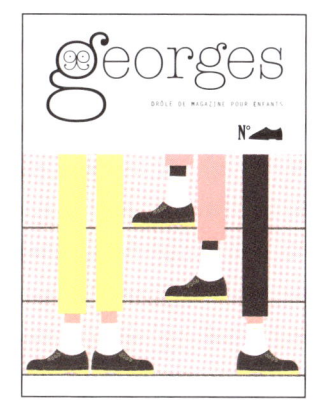

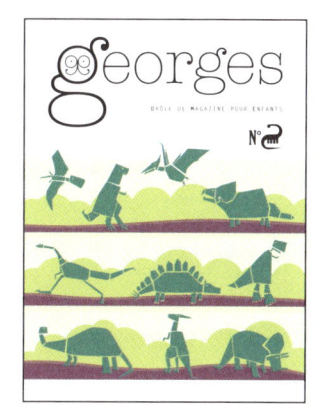

Chez votre libraire ou sur www.magazinegeorges.com

Fin du numéro 27

RENDEZ-VOUS LE 12 JUIN 2017
POUR PLONGER DANS UN NOUVEAU NUMÉRO
DE GEORGES !

Vous désirez vous abonner à Georges ?

- **PAR INTERNET** sur **www.magazinegeorges.com** (rubrique Boutique > Abonnements)

- **PAR COURRIER :** renvoyez-nous ce coupon accompagné d'un chèque bancaire correspondant au montant de votre abonnement (voir tarifs ci-dessous) à l'ordre de **Maison Georges,** 75, rue Chaponnay 69003 Lyon (France)

ABONNEMENTS **FRANCE**	ABONNEMENTS **EUROPE + SUISSE**	ABONNEMENTS **RESTE DU MONDE**
Pour 1 an = 6 numéros > 57 €	Pour 1 an = 6 numéros > 75 €	Pour 1 an = 6 numéros > 78 €
Pour 2 ans = 12 numéros > 114 €	Pour 2 ans = 12 numéros > 150 €	Pour 2 ans = 12 numéros > 156 €

Si vous abonnez quelqu'un, remplissez les 2 blocs de coordonnées ci-dessous.

> N'hésitez pas à laisser un petit message (secret par exemple) à l'attention de l'abonné(e), nous le joindrons au 1er envoi du magazine.

Coordonnées de l'abonné(e)

Prénom :
Nom :
N° / Rue :
Code postal / Ville :
Pays :
Âge :   E-mail :

Coordonnées de l'« abonneur »

Prénom :
Nom :
N° / Rue :
Code postal / Ville :
Pays :
Âge :   E-mail :
Lien avec l'abonné(e) :

Merci !

Au fait, qui a fait ça ?
Directrice de publication et rédactrice en chef : Anne-Bénédicte Schwebel
Directrice artistique et maquette : Stéphanie Lasne
Assistante à la rédaction : Anne Bensoussan
Chargée de diffusion : Lise Prudhomme
Relecture : Johanne Nicolas
Ont collaboré à ce numéro : Magali Attiogbé, Benoit Audé, Luca Boscardin, Laure Griffin, Chi He, Vincent Jadot, Claire Le Nestour, Séverin Millet, Marie Novion et Michael Slack
Merci à Paul Peignier l'apiculteur et à tous les enfants qui testent les jeux !

Georges est édité par les éditions Maison Georges
75, rue Chaponnay, Lyon 3e • Tél. 04 72 60 91 55 • **www.magazinegeorges.com** • contact@maisongeorges.fr
Imprimé en Italie par Grafiche AZ • ISSN : 2110-8749 / Dépôt légal : avril 2017

Toute reproduction (textes, illustrations et créations graphiques) est strictement interdite. Tous droits réservés © Georges.
Loi n°49-956 du 16 juillet 1949 sur les publications destinées à la jeunesse. Version consolidée au 11 juillet 2010.